TAB MATYÈ YO

Ebyen ... Ou vle pale ak Bondye ?

Ebyen ... Ou vle pataje Jezi ?

Ebyen ... Ou vle Batize ?

Ebyen ... Ou vle pran Lasén ?

Ebyen ... Ou vle bay Bondye ?

Ebyen ... Ki Don Espirityél ou genyen ?

Ebyen ... Kisa yon Atrené ye ?

Èske w kapab Koute mwen Kounye a?

Bonjou timoun yo!

Nou trè kontan paske nou vle aprann piplis sou lapriyè. Lapriyè a se yon konvèsasyon ke pa mwayen limenm nou pale ak Bondye epi koute vwa li.

Lapriyè se fason ki pi fasil pou nou kominike ak Bondye, men gen pafwa nou lite ak ki jan nou ka lapriyè. Eske ou te janm enkyete sou bagay sa a yo pandan w'ap lapriyè ?

- **Èske Bondye ap koute?**
- **Mwen pa konnen ki sa pou m di.**
- **Mwen pa ka rete chita oswa an silans pou long tan.**
- **Èske Bondye ap reponn priyè mwen yo?**

Lapriyè se yon konvèsasyon ki gen de fason, men ou ta ka santi kòm si pa ta gen yon moun k'ap koute w. Li kapab fasil pou w santi tankou w ap pale ak tèt ou epi ou ta ka mande: Èske Bondye ap koute vre?

Liv sa a pral ede w konprann ke Bondye toujou ap koute. Ou pa janm pou kont ou nan lapriyè. Nenpòt bagay ou mande nan lapriyè li enpòtan pou Bondye.

Gade senbòl sa a pou kapab jwenn mo ki pral ede w sou kijan yo aprann plis sou lapriyè. Pawòl espesyal sa yo rele **Pawòl Lafwa.**

Lapriyè se yon kominikasyon pèsonèl efikas ak Bondye. Li se yon konvèsasyon avèk Bondye. Li gen ladan l yon bonjou, fè lwanj ak di Bondye mèsi, demann, ak fason pou fini lapriyè a. Nou ka pale ak Bondye nenpòt lè, nenpòt kote epi sou nenpòt bagay.

Lapriyè Jezi a

PL **Padon** an se padone yon moun ki te ki fè sa ki mal. Sèvi ak moun sa tankou si li pa te fè anyen ki mal.

Jezi te konprann ke anpil fwa moun yo te enkyete sou kijan yo lapriyè. Se pou rezon sa a li te moutre nou yon priyè senp ke nou kapab swiv.

Li Matye 6:9-13

Nan priyè sa a, Jezi anseye nou fason debaz pou nou lapriyè.

1. Jezi te koumanse lapriyè sa a konsa: _____
_____(v. 9). Yo
lòt fason nou kapab di se: "Bondye mwen". Nou koumanse lapriyè nou yo ak yo
salitasyon. Se tankou pale ak yon zanmi. Ou koumanse pou w pale ak yon zanmi
w di, "Ey Julia".

2. Jezi te moutre nou lapriyè pou: _____
_____ (v. 1
Sa vle di nou ka mande Bondye bagay nou bezwen.

3. Annou mande Bondye pou li ban nou:_____
(v. 12). Nan priyè nou, si nou fè peche ak dezobeyi Bondye, nou bezwen admèt ke no
antò epi mande Bondye pou padone nou.

4. Nou dwe padone ak lapriyè pou: _____ nou yo (12 v.). Malg
nenpòt bagay yon moun te fè nou, menm si yo te fè nou mal, nou dwe priy
ak padone yo jan Bondye te padone nou an. Sa a se pa yon bagay nou kapa
fè pou kont nou. Bondye ap ede nou. Mande Bondye ede nou vin fò, obeyisa
jan li vle nou ye a ak pwoteje nou anba Satan. Aprè sa, nou fini lapriyè nou a
oswa konvèsasyon nou ak Bondye.

Kounyea se lè pa nou an ki rive. Sèvi ak modèl Jezi a (priye Bondye, eksprime bezwen no
mande pou padon peche nou yo, padone, lapriyè pou lòt moun, mande Bondye èd po
nou kapab vin obeyisan epi fini ak lapriyè a) epi ekri yon fraz ki gen ladan tout bagay sa y
Sèvi ak yon lòt fèy papye si ou bezwen plis espas.

Avèk pwòp mo mwen yo ...

Bondye mwen:_____
_____
_____

Emosyon yo nan lapriyè

Bondye te kreye nou ak anpil emosyon diferan. Nou ka kontan, tris, pè, fache oswa eksite. Chak jou, nou ka fè oswa di bagay yo yon fason ki diferan, sa ap baze sou ki jan nou santi nou.

Kijan ou santi ou jodi a? _____

_____

Lapriyè nou yo se tankou sa tou. Yo reflete ki jan nou santi nou. Lapriyè nou ka gen kè kontan, remèsye Bondye oswa plen ak regrè. Sa vle di nou tris, fache oswa fristre. Nou kapab chita pale ade ak Bondye. Nou ka di li vrèman kijan nou santi nou.

Li Sòm 100

Lapriyè pou di Bondye mèsi yo fèt lè nou plen ak kontantman ak kè kontan. Lapriyè sa a yo ta dwe eksprime gratitid anvè Bondye pou tout bagay li te ban nou yo. Yo dwe pale tou sou gwo bagay ke li ban nou oswa menm rele byen fò pou di l mèsi.

1. Mansyone 2 bagay ki fè w rekonesan ak 2 bagay konsènan Bondye ki fè ou rekonesan.

Mèsi Bondye pou: Mèsi Bondye paske ou se:

_____   _____

_____   _____

Li Sòm 13

Lapriyè lamantasyon yo pale de lè nou santi nou poukont nou, fache, fristre oswa tris.

Ou te konnen ke li bon pou w fache oswa move sou Bondye? Bondye vle wè emosyon reyèl nou yo, menm lè nou tris oswa fache.

Lapriyè lamantasyon nou yo ede nou pale sou fristrasyon nou yo, men nou dwe fini lapriyè sa yo pandan n'ap raple lanmou ak fidelite Bondye. Menm si nou te santi nou pou kont nou nan moman an, nou kapab konnen epi kwè ke Bondye pa kite nou. Bondye avèk nou menm lè bagay yo difisil.

1. Èske ou ka panse ak kèk bagay ki difisil? Pale ak Bondye sou bagay sa yo.

Bondye vle ou a pataje yo avèk li? _____

_____

4

Se pa tout bagay sou mwen selman!

Si li enpòtan pou nou priye pou bezwen nou yo, li enpòtan tou pou nou sonje ke lapriyè se pa sèlman sou sa nou bezwen. Nou dwe priye pou lòt moun yo tou, kalite lapriyè sa a rele lapriyè entèsesyon.

Li Filipyen 1:4, 9-10

Nou pap plede lapriyè sèlman pou priye, n ap priye pou lòt moun paske nou vle chanjman fèt nan lavi yo.

Lapriyè entèrsesyon an kapab senp kòm priye pou yon moun pase yon bon jounen. Li kapab konplèks kòm lapriyè pou moun ki yon lòt kote pou yo resevwa ase manje pou yo siviv.

Fè yon lis manm nan fanmi ou, ou ka priye pou yo:

_____

Fè yon lis zanmi ki se moun ou ka priye pou yo:

_____

Ki jan w ka priye pou katye w, lekòl ou ak lokalite ou ?

_____

Ki jan w ka priye pou peyi ou ?

_____

Ki jan w ka lapriyè pou moun ki nan lòt pati nan mond lan ?

_____

Entèsesyon vle di prezante nes oswa enterè yon moun devan y lòt moun. Priye pou nesesite yon moun. Nou priye Bondye epi apre nan syèl la Jezi priye Papa a pou no

Fè sa kounye a! Pou chak moun ou priye, pran yon pèl yon koulè diferan. Mete pèl yo nan yon riban an kwi oubyen an plastik pou itilize kòm yon braslè oswa pòt kle. Pran tan chak jou pou w gade chak pèl sa yo, lapriyè pou chak moun pèl la reprezante.

5

Anpil fason pou priye

Lapriyè a kapab fèt nenpòt kote. Pandan ke nou ka rete trankil, mete men nou anba manton nou ansilans nou kapab pale ak Bondye, sa a se pa sèl fason nou kapab lapriyè ! Bondye te kreye nou chak inik. Nou fè tout bagay diferan. Kèk nan nou renmen ekri, lòt moun li, koute mizik oswa lòt danse mizik la.

Menm jan an tou, Bondye te planifye pou lapriyè yo soti nan diferan fason. Pa gen okenn fason bon oswa yon move nan lapriyè. Ou ka priye jan sa parèt pi byen pou ou. Nan paj ki pi devan an ou pral wè kèk egzanp sou diferan fason ke ou ka lapriyè.

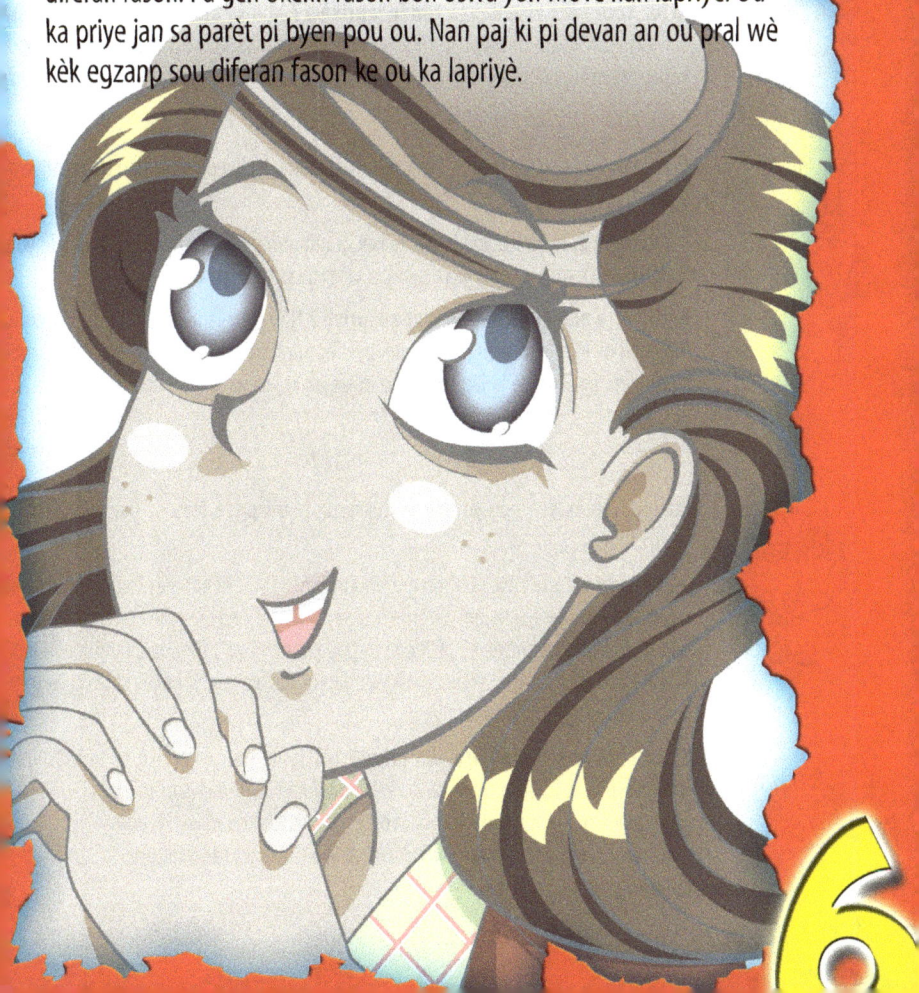

6

Je nou ban nou yon posiblite kontinyèl de bagay yo pou nou wè ak priye.

Wé:

- Kounye a, fè sa! Ale deyò a. Kisa ou wè ? Jwenn omwen 20 bagay diferan ke Bond[...] te kreye. Di Bondye mèsi pou bagay sa yo.

Ki lòt kote nou kapab wè lapriyè ? Pafwa n'ap sonje priye pa mwayen penti yo, fo[...] ak fim. A nenpòt ki moman nou ka antrene je nou pou nou wè yon bagay nan fas[...] Bondye we l ak konprann li. Mande tèt ou: Ki jan mwen ta kapab wè Bondye nan mo[...] sa a ? Lè sa a, lapriyè pou moun nan. Sa se yon lapriyè pou je.

Tande:

Nou ka sèvi ak zòrèy nou pou ede nou tande vwa Bondye.

—Kounye a, fè sa ! Jwenn yon kote an silans pou kont ou avèk Bondye. Kounye [...] koute. Eske ou te tande yon bagay ? Eske Bondye te ede w panse sou yon bagay os[...] yon moun ke ou kapab priye pou li ?

Ki lòt kote ankò nou kapab tande lapriyè a ? Nou ka tande lòt moun k'ap di pri[...] oswa menm koute mizik ou yo. Pafwa chèche yon chante ak mo pwisan sou Bond[...] kapab fason ki pi bon pou nou koute epi priye chante sa kòm yon lapriyè devan Bond[...]

Li:

Nou pa toujou konnen pawòl "kòrèk yo". Pafwa nou ka jwenn reyèlman bon lapriyè n[...] li pawòl lòt moun.

— Kounye a, fè sa ! Li yon istwa ke kèk granmoun te ba ou. Apre ou fin li li, fè yon[...] kout je sou kesyon yo pou priye pandan w'ap baze sou istwa sa a.

Ki lòt kote ankò nou kapab li yon lapriyè ? Nou ka li lapriyè nan pasaj ki ekri na[...] Bib la; Sòm yo te ekri kòm priyè pou li bye fò. Anpil bagay nou li kapab se fason mo[...] lapriyè epi nou ka wè ki jan mo yo te itilize ak ki jan yo ka ede nou wè Bondye ak lwanj.

Mouvman:

Bon nouvèl! Aksyon nou yo tou se yon fason pou lapriyè. Nou pa bezwen chita p[...] lapriyè.

— Kounye a, fè sa ! Avèk èd yon granmoun chèche yon sit entènèt sou langaj siy, ga[...] mo diferan nan langaj siy epi pèfòme fraz sa a: "Mèsi Bondye paske ou renmen mwe[...] "Ou se yon Bondye mèveye"; "Padone m pou peche m yo"; "Bondye, tanpri, ede mo[...] ki nan bezwen yo". Apre w fin aprann langaj siy lan, ale nan yon plas kote ou ka tran[...] epi ou kapab fè jès pou w lapriyè.

Ki lòt kote ankò ou ka ale pou priye ? Lòt fason pou w lapriyè se fè MOUVMA[...] se kreye pwojè atizana, lè w sèvi avèk mouvman ritm nan son mizik oswa powèm, menm rete nan pozisyon espesifik. Lè nou itilize kò nou pou nou fè mouvman pou nou lapriyè, aksyon nou yo fè lwanj pou Bondye.

7

Lapriyè ki kontinye, epi k'ap kontinye epi k'ap kontinye...

Li 1 Tesalonisyen 5:17

1 Tesalonisyen 5:17 di nou: "_____ san rete."

Lapriyè pa ta dwe yon bagay nou fè yon fwa oswa de fwa pa chak jou.

Nou kapab viv yon lavi ke chak bagay nou fè mennen nou nan yon lavi ki ranpli ak lapriyè. Youn nan fason ki kapab ede nou priye souvan se pa mwayen "lapriyè zèklè". Yon "lapriyè zèklè" se yon lapriyè nan yon liy kote ou lapriyè pou yon evènman, moun oswa kote.

Aktivite: Gade alantou. Detant. Chèche yon bagay oswa yon moun pou fè yon "lapriyè zèklè."

Anplis de sa nan voye "lapriyè zèklè," nou ka priye ede lòt moun e menm pou mond lan ke Bondye te kreye. Nenpòt ki lè w ap sèvi oswa pran swen lòt moun, se ou ki kapab pèmèt lavi ou vin tounen yon lavi ranpli ak lapriyè.

Panse vit: Ekri twa fason ou ka ede lòt moun. Lapriyè pou Bondye reponn kèk nan bagay sa yo.

1._____

2._____

3. _____

Panse vit: Bay kèk fason ou kapab ede pran swen mond Bondye a ? Ekri yon fason epi apre sa a mande Bondye ede ou fè sa kòm yon fason pou priye ak onore Li.

1._____

2._____

3. _____

Tout anotasyon sa a yo soti nan Bib, Vèsyon Jerizalém.

Ebyen ... Ou vle pale ak Bondye? Otè: Jessica Springer epi ilistre pa Tina Garrett, pibliye pa Asosyasyon Kretyen de Literati Rejyonal (c) 2016 pa Konpayi Piblikasyon Travay annaksyon, yon divizyon Mezon de Piblikasyon Nazareyen, Kansas City, Mo 64109 USA. Edisyon sa pibliye pa aranjman Mezon Nazareyen de Piblikasyon. Tout dwa yo rezève.

Tradwi pa : Dezama Jeudi. Maquetacion: Monte Cyr.

Chèche onnlay paj *http://ressources.mesoamericaregion.org* pou dechaje GRATIS gid pou lidè pou itilize avèk feyè sa avèk etidyan yo.

Bonjou Timoun mwen yo! Eskiz yo!

Èske w konnen kisa yon eskiz ye?

Yon eskiz se yon bagay nou di pwòp tèt pa nou kòm rezon ki fè nou pa vle fè kèk bagay. Ou konn tande eskiz sa yo?

MWEN FATIGE ANPIL!

Zanmi m yo ap plede fawouche mwen!

Mwen pa konnen anpil bagay sou Bondye!

Kisa ki kapab pase si m fè erè nan sa m'ap di yo?

Tout zanmi m yo se kwayan yo ye!

Kisa ki ka fè nou pran eskiz pou n ka pa fè yon bagay ?

Egzanp: Repons lan sonnen menm jan avèk Fè epi li koumanse avèk lèt "P."

P
_____ _____

Ki eskiz ki ta kapab pi fasil pou ou, pou w evite fè yon bagay?

_____

_____

Yo te di nou ale!

✝ **Li Matye 28:19**

Jezi te bay lòd sa byen klè, Li te vle pou **disip** li yo te pataje istwa li avèk lòt yo. Jezi te vle pou yo te rakonte tout moun sa. Kisa ALE vle di pou ou?

PL Gade senbòl sa a pou kapab jwenn mo ki pral ede w sou kijan yo aprann plis sou lapriyè. Pawòl espesyal sa yo rele **Pawòl Lafwa.**

3

✝ **PL** DISIP
Yon moun kap swiv ansèyman ak egzanp lòt moun. Moun sa a yo aksepte epi swiv Jezi, nan Bib la ak Jodi a, yo se disip li.

Kôm kwayan ak disip Jezi, nou dwe yon moun ki se yon

Pwofesé, Éd ak Gid

Jezi te di disip li yo (moun ki t'ap swiv li yo) ke li t'ap voye_____pou bay tout kwayan yo otorite pou pataje. La a gen kêk bagay pou pataje sou **Sentespri** a.

(Li Travay 1:8)

— **Sentespri** a se yon Pwofesè.

— **Sentespri** a se yon Èd.

— **Sentespri** a se yon Gid.

SENTESPRI A

Twazyèm pèsòn nan trinite a. Se youn nan twa pèsòn ki genyen nan Bondye ki pote ton non Lespri Bondye oswa Souf Bondye, Konsolatè nou, Èd oswa konpany. Lespri Sena n ede epi pèmèt kretyen an viv. para Dios

TEMWEN

Yon temwen se yon moun ki di sa li te wè oswa tande. De kisa w te temwen ? Di yon bagay sou sa.

Kisa yon temwen ye?

Fè yon ti kout je sou kèk ki te, kwatyan vanyan! Ekri non yo nan espas vid la.

Li Travay 3:11-16 pou dekouvri ki moun sa a yo ki te temwaye pouvwa Jezi pou geri.

_____

Li Travay 13:26-32 pou dekouvri moun sa yo ki te temwen lanmò ak rezirèksyon Jezi.

_____

Li Travay 8:30-35 pou dekouvri kimoun ki te temwanye bay etyopyen an levanjil sou Jezi a.

_____

Gade! Sa se yon espas kote pou w ajoute non w nan lis **TEMWEN VANYAN YO.** Ekri non w la a:

_____

Priye pou Bondye ka fè w vin yon TEMWEN VANYAN POU PALE LAVERITE.

4

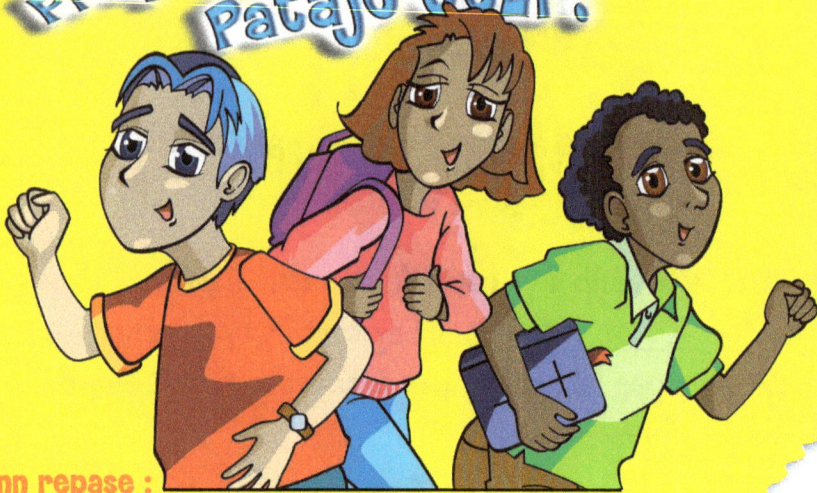

Prepare pou Pataje Jezi !

Ann repase :

1. Kisa nou di pou nou ka evite pataje Jezi ? _____

_____

2. Ki komandman Jezi te bay disip li yo ? _____

_____

3. Kimoun Jezi te pwomèt ki t'ap vini kòm Èd epi Gid? _____

_____

4. Ki twa bagay ki dekri sa Sentespri a fè ?

1. _____

2. _____

3. _____

5. Kijan moun ki pataje istwa Jezi ak lòt moun yo rele?

_____

lize paj sa pou fè desen yon kat ki kapab itilize lè
ap pale ak yon moun de Jezi. Kopye desen
lan sou echantiyon an pou fè yon kat
bu bay lòt yo.

Kisa Jezi te fè pou mwen?

Kòm temwen, kisa m te wè oswa
tande ke Jezi te fè?

6

Ou prè pou w kreye yon plan k'ap pèmèt ou ALE epi DI tout lide ak verite enpòtan ke w te dekouvri.

Itilize etap sa a yo pou mete yo ansanm nan yon plan: Lè sa ou va PARE POU W PATAJE JEZI!

Etap 1 : Fè yon lis non fanmi oswa zanmi pou w pataje Jezi avèk yo.

1. _____

2. _____

3. _____

Etap 2 : Pataje lis la ak kèk nan paran w yo, mèt yo oswa pastè a. PRIYE pou moun ki nan lis la.

Etap 3: CHWAZI yon tan pou w pataje. Ekri nan pati anba yon jou ak orè ke w vle pou w pataje Jezi ak chak moun ou gen nan lis ou a. Fè plan ak aranjman pou w fè sa.

Etap 4: OBSÈVE zouti ki disponib yo ki pou EDE W PATAJE ISTWA SOU JEZI.

  m Sentespri   m Lapriyè

  m Bib la   m Paran, Mèt oswa Pastè.

  m Kat "Pataje Jezi"

Bon nouvèl ! ¡Kounye a ou prè pou w pale de Jezi ak lòt moun! Kòm lide zouti adisyonèl, gade lis zouti ki efikas yo nan paj ki pi devan an. Ou kapab mande paran w, mèt yo oswa pastè w pou lòt èd.

Sonje ! Sentespri a ap ede w vin yon temwen vanyan epi entèlijan pou pataje Jezi ak lòt yo! Ou kapab toujou priye pou w mande èd li.

7

Zouti efikas pou pataje Jezi

La a gen kèk bagay ki ajoute ke w kapab itilize pou pataje Jezi ak lòt yo.

Boul Evanjelik

Kib Evanjelik

ABC Braslè Sali a

Bib la

Tout anotasyon sa a yo soti nan Bib, Vèsyon Jerizalém.

Ebyen… Ou vle pataje Jezi? Otè : Andrew Ervin, pibliye pa Asosyasyon Kretyen de Literati Rejyonal (c) 2016 pa Konpayi Piblikasyon Travay annaksyon, yon divizyon Mezon de Piblikasyon Nazareyen, Kansas City, Mo 64109 USA. Edisyon sa pibliye pa aranjman Mezon Nazareyen de Piblikasyon. Tout dwa yo rezève.

Tradwi pa : Dezama Jeudi. Maquetacion: Monte Cyr.

Chèche sou entenet paj *http://ressources.mesoamericaregion.org* pou dechaje GRATIS gid pou lidè pou itilize avèk feyè sa avèk etidyan yo.

L'ECOLE DU DIMANCE ET LA FORMATION DE DISIPLES

"Lè yo te kwè...yo te batize"

(Travay 8:12).

Timoun mwen yo

Nou kontan anpil paske nou vle batize; sa a se yon eksperyans moun viv yon fwa nan lavi. Batize se yon tan espesyal pou ou ak fanmi ou.

ezi te panse batèm nan te enpòtan. Li te batize (Matye 3:13-17), epi li te ay disip li yo lòd pou yo batize moun (Matye 28:19).

v travay la pral ede w konprann batèm nan ak sa ki pral pase apre batèm an pi byen. Paran ou yo avèk pastè w va ede w si ou gen kesyon.

Gade senbòl sa a pou kapab jwenn mo ki pral ede w sou kijan yo aprann plis sou lapriyè. Pawòl espesyal sa yo rele Pawòl Lafwa.

Kisa ki pral pase?

Le wap batize, paste w la ap koule w nan dlo a. Apre sa, m pral ede w prepare w pou yon gran jou.

1. Mete rad nwa (chemiz ak pantalon) oswa rob. Moun pa dwe wè po w anba rad la lè li mouye.

2. Pote yon lot rad pou w mete aprè batèm nan. Sonje, rad ou yo pral mouye!

3.- Pa bliye pote yon sèvyèt. Ou ka vle yon peny oubyen yon bwòs tèt pou cheve w tou.

4.- Kenbe nen w ak men dwat ou epi pran ponyèt dwat ou ak men gòch ou.

5.- Lè w tonbe sou do sa ka fe w pè. Fè pastè w konfyans pou li kenbe w. Rilaks kó w epi kite pastè w la panche w nan dlo a epi leve ou ankò. Ou ka pliye jenou w komsi ou tap kage deye apre sa redrese yo pou yo ede w kanpe.

6.- Konsantre panse w sou poukisa wap batize a - pa sou dlo a.

7.- Ou dwe pare pou w di moun poukisa ou vle batize. Nan li sa a gen yon paj ki pral ede w ekri panse ou yo.

3

istwa sou Batèm

Jan "Batis la"

Li Mak 1: 4-5

1. Ki kalite Batèm Jan t'ap preche? (v. 4)

_____

2. Kisa moun yo te konn fe avan yo batize? (v. 5)

_____

Chef prizon Filpyen an

Li Travay 16: 30-33

Apre chèf prizon Filipyen an ak fanmi l te sove, yo te batize san pèdi tan. Dapre Pòl, kisa chèf prizon an te fè pou l te sove? (V. 31)

_____

Revizyon

Itilize repons seksyon ki anlè yo pou ranpli espas vid yo. Ekri pawòl yo akote fraz ki moutre siyifikasyon kòrèk la.

_____ Vle di kwè nan Bondye pou w kapa sove.

_____ Vle di chanje lide ou, sispann mache nan move direksyon, epi komanse swiv chemen Bondye.

_____ Vle di admet ke ou te peche.

4

Bondye ap Travay!

Lè w ap batize, Bondye la avèk ou. Batèm moutre tou ke Bondye ap fè yon bagay nan lavi w. Ou pral batize nan dlo deyò, konsa tout moun ka wè. Bondye ap chanje w anndan kote peson pa kapab wè.

Lè ou pran yon beny oswa douch, o sèvi ak dlo a pou w lave pousyè tè. Lè w ap batize, dlo a se pou fè w sonje ke Jezi te lave peche ou yo. **Li Sòm 51: 1-2**

Lè w desann nan dlo batèm nan, sa a moutre ke "Ou mouri nan peche". Sa v di ke peche a pa gen okenn kontwòl sou ou. Lè w soti nan dlo a, sa moutre ke w'ap"viv nan Kris la". Sa vle di ke Jezi ap viv nan ou epi ede w viv yon vi ki fè Bondye plezi.

5

Batèm nan moutre lòt moun ke ou gen ...

Yon Fanmi Tounèf

Bondye te adopte ou nan fanmi espirityèl li. Ou vin tounen yon pitit Bondye. Ou kwè nan li. Tout moun ki vini nan fanmi Bondye a se fanmi ou tou. Tout lòt kretyen vin tankou manman, papa, frè ak sè ou nan lanmou. Ou pral aprann pran swen yo chak. **Li Jan 1:12.**

Yon lavi Tounèf

Kounye a, se pou Bondye ou ye. Ou chwazi pou w obeyi l, epi viv jan Jezi te viv. Ou chwazi pou w pa fè peche. Pou konnen kijan pou w viv byen, mande tèt ou: Kisa Jezi tap fè si Li te mwen menm? **Li 2 Korentyen 5:15, 17.**

Yon Nouvo Gid

Lè Bondye te padone peche ou yo, gremesi Jezi-Kris, Sentespri a vin sèvi w Gid. Lè w batize, Sentespri a asire ou ke ou se yon pitit Bondye. Sentespri a pral ede w swiv Jezi. **Li Jan 16:13a.**

6

Ekri pa _____

Rezon ki fè mwen vle batize a se ...

_____

_____

Jan mwen te vin sove ...

_____

_____

Vèsè Biblik mwen pi renmen an se:

_____

Moun mwen vle envite nan batèm mwen an, konsa ya konnen ke mwen vle suiv Jezi ...

1. _____

2. _____

3. _____

4. _____

5. _____

6. _____

Sa mwen ta vle zanmi m yo konnen konsenan swiv Jezi ...

_____

_____

_____

_____

_____

_____

_____

Mwen te batize nan...

Kote: _____

Dat: _____ nan _____

Mwen te batize pa: Rev. _____

Tout anotasyon sa a yo soti nan Bib, Vèsyon Jerizalém.

Ebyen ... Ou vle batize? Otè: Randy Calhoun epi Ilistre pa Tina Garrett, pibliye pa Asosyas-yon Kretyen de Literati Rejyonal (c) 2016 pa Konpayi Piblikasyon Travay annaksyon, yon divizyon Mezon de Piblikasyon Nazareyen, Kansas City, Mo 64109 USA. Edisyon sa pibliye pa aranjman Mezon Nazareyen de Piblikasyon. Tout dwa yo rezève.

Tradwi pa : Dezama Jeudi. Maquetado pa: Monte Cyr.

Chèche onnlay paj **http://ressources.mesoamericaregion.org** pou dechaje GRATIS gid pou lidè pou itilize avèk feyè sa avèk etidyan yo.

L'ECOLE DE L'ALLIANCE ET LA FORMATION DE DISCIPLES

Ebyen... Ou vle pran Lasén?

"Fè sa pou nou kapab sonje Mw
(Lik 22

Nou kontan paske ou vle pran lasèn. Sa a se yon moman byen espesyal. Lasèn nan fè nou sonje ke Jezi te mouri pou nou. Li fè nou sonje tou ke Bondye la avèk nou tout tan.

Lasèn nan enpòtan anpil pou kretyen yo. Jezi te koumanse tradisyon an lè l te kase epi separe pen an ak koup la bay disip li yo nan dènye lasèn nan (Lik 22:14-20).

Apot Pòl te bay enstriksyon yo osijè de lasèn nan legliz li t'ap dirije yo. (1 Korentyen 11:23-26).

Feyè sa ap ede w konprann sa lasèn nan siyifi e kisak pase pandan sakreman sa a. Si ou gen kesyon, paran w yo oswa pastè w la va ede ou.

Kisa k pral pase?

Lè w'ap pran lasèn, pastè w la ap dirije moun yo nan lapriyè ak lekti biblik. Li va pran yon moso pen ak yon vè ji rezen. Sa a ap ede w prepare w.

1. Lasèn nan se yon moman espesyal. Panse sou tout bagay Bondye fè pou ou pa mwayen Jezikri.

2. Realize ke Bondye ansanm avè w nan moman w'ap pran lasèn nan. Louvri zòrèy ou pou w tande sa li kapab di w nan moman sa a.

3. Pawòl la "eleman yo" ki refere ak pen epi ji rezen an.

4. Pastè w la kapab sèvi lasèn nan sou plizyè fòm diferan. Li kapab mande w pase devan oswa yon moun kapab pote bagay yo ba ou kote w ye a.

5. Li pwobab pou moun ki pote pen avèk ji rezen an ba ou a di konsa : "Sa a se kò Seyè nou an Jezikris, limenm ki te kraze pou ou" epi "sa a se san Seyè nou an Jezikri, limenm ki te koule pou ou".

6. Pran pen an epi manje l. Apre sa, pran ji rezen an epi bwè li.

7. Lè w fini, tann ansilans pandan lòt yo ap pran lasèn. Sèvi ak moman sa a pou w priye. Mande Bondye pou l ede w obeyi li.

3

Dénye Soupe Seyè a

Li Matye 26 :26-29

Kisa Jezi te di osijè de pen an ? (v.26)

"Sa a se_____mwen"

Kisa Jezi te di osijè de san li ? (v.28)

San mwen ki te koule pou plizyè pou
_____peche yo".

Li Mak 14 :22-25

Kisa Jezi te di lè vè a t'ap pase nan mitan disip li yo ? (v.24).

"Sa a se san mwen pou _____".

Li 1 Korentyen 11:23-26

Pou kisa Jezi te di disip li yo pou yo te selebre repa pak la ki se lasèn nan? (v.24)

"Fè sa pou_____mwen".

Kisa ki pase le disip Jezi yo selebre lasèn nan? (v.26)

"Ou anonse_____
_____ jiskaske li vini".

4

Leson dénye
Soupe Seyè a

Padon

Bib la anseye nou ke "si san pa koule, pa gen okenn padon pou peche" (Ebre 9:22). Jezi te di disip li yo ke repa espesyal sa a te reprezante kò li [a] san li. Li te mouri pou peche nou te ka padone epi nou kapab gen dwa [a] pou nou genyen yon relasyon ak Bondye.

Alyans

Yon alyans se yon pwomès ant de moun. Jezi te di ke san li a se te san kontra a (Mak 14:24). Lasèn nan fè nou sonje pwomès Bondye pou padone peche nou yo epi toujou gide nou. Nou pwomèt pou n renmen Bondye konplètman ak renmen pwochen nou menm jan ak pwòp tèt nou.

Rapél

Chak fwa ou pran Lasèn nan sonje sa Jezi te fè pou ou ak sa Bondye ap fè nan lavi ou kounye a. Bib la di ke lè w pran Lasèn nan ou "anonse lanmò Seyè a" (1 Korentyen 11:26) ak dezyèm retou a. Lè ou anonse yon bagay, ou ede lòt moun konnen li tou.

5

¿Kisa ki genyen nan yon Non?

...ezi te di disip li yo pou yo sonje lanmò li lè y'ap pataje yon ...epa espesyal (Lik 22:19). Kretyen yo itilize plizyè non diferan ...ou manje espesyal sa a.

...ekòde mo sa yo pou dekouvri diferan non moun itilize yo:

A	B	C	D	E	É	F	G	H	I	J	K	L	M
2	12	3	17	4	27	23	10	13	8	21	11	19	20

N	O	P	Q	R	S	T	U	V	W	X	Y	Z
1	7	5	24	14	9	18	22	25	16	15	26	6

__ __ __ __ __ __ __ __   __ __ __ __ __ __ __ __
4 11 2 14 8 9 18 8   11 7 20 8 1 26 7 1

__ __ __ __ __   __ __ __ __ __
9 7 22 5 4   9 4 26 27 2

Ekaristi

...a vle di "Di mèsi". Nou selebre repa sa a pou nou remèsye Jezi paske li te mouri ...ou nou. Nou di li mèsi tou paske li toujou la ap gide nou.

Lasèn

...a a reprezante yon amitye pwofon oswa kominote. Paske Jezi te mouri pou ...eche nou yo, nou ka gen yon relasyon dwat ak Bondye. Nou genyen tou yon ...elasyon espesyal ak lòt manm nan fanmi Bondye a.

Soupe Seyé a

...a a fè nou sonje dènye repa Jezi ak disip li yo anvan li te mouri. Jezi te di disip ...yo kontinye selebre repa espesyal sa a apre lanmò li.

6

Pandan w ap prepare w pou w pran Lasèn nan, panse sou de bagay sa a yo:

1.Sonje lanmò Jezi.

Panse sou ki jan Jezi te soufri e poukisa Li te mouri. Lè m panse ak Jezi, mwen santi...

_____

_____

2.Reflechi sou ki jan wap viv.

Reflechi sou pawòl ou, aksyon ak atitid ou yo. Mande Bondye si w gen kèk peche kache nan lavi ou, si se konsa, ou bezwen konfese l devan Bondye. Si Li moutre ou yon bagay, rekonèt ke w mal aji epi mande Bondye padon.
Seyè, tanpri padonnen m pou _____

_____

3.Resevwa èd Bondye a.

Sonje byen, Bondye pa sèlman padone peche ou yo, Li ba ou fòs pou obeyi li ak viv pou li.
Seyè, mwen bezwen èd ou pou m _____

_____

7

Kesyon ak Repons

: Poukisa nou itilize pen ak ji rezen?

: Sa yo se eleman debaz nan yon soupe. Nan Bib la, moun yo te bezwen pen pou yo viv. Lè nou manje pen an, li fè nou sonje ke nou bezwen Jezi plis pase nou bezwen manje.

Jezi se "pen an" ki ban nou fòs pou nou viv pou Bondye. (Jan 6: 48-50).

: Poukisa nou manje pen (san ledven) oswa sakreman an?

: Ledven an fè pen an gonfle. Nan Bib la, ledven te reprezante peche. Jezi pa t gen okenn peche epi Li te vin pran plas nou an pou peche nou yo te ka jwenn padon. Pou Lasèn nan, se yon fòm Pen san ledven ki itilize pou reprezante Jezi ki te fèt, epi viv san peche.

: Li etranj pou nou ta panse ak pen kòm kò Jezi e ak ji rezen kòm san. (Moun ki t'ap tande Jezi yo te panse sa tou). Poukisa Jezi dekri sa nan fason sa a?

: Pen an ak ji rezen an se senbòl yo ye. Yo fè nou sonje lanmò Jezi sou kwa a. Bib la di ke san ekoulman san, pa gen padon pou okenn peche (Ebre 9:22). Se pou rezon sa Jezi te dwe mouri.

Sa a se sèl mwayen ki egziste pou yon moun te jwenn padon pou peche li yo.

Tout anotasyon sa a yo soti nan Bib, Vèsyon Jerizalém.

Ebyen ... Ou vle pran Lasèn? Otè: Randy Calhoun epi Illustrated pa Tina Garrett, pibliye pa Asosyasyon Kretyen de Literati Rejyonal (c) 2016 pa Konpayi Piblikasyon Travay annaksyon, yon divizyon Mezon de Piblikasyon Nazareyen, Kansas City, Mo 64109 USA. Edisyon sa pibliye pa aranjman Mezon Nazareyen de Piblikasyon. Tout dwa yo rezève. Tradwi pa : Dezama Jeudi. Maquetacion: Monte Cyr.

Chèche onnlay paj *http://ressources.mesoamericaregion.org* pou dechaje GRATIS gid pou lidè pou itilize avèk feyè sa avèk etidyan yo.

L'ECOLE DU DIMANCHE ET LA FORMATION DE DISIPLES

TIMOUN MWEN YO

Nou kontan paske ou vle aprann de jesyon. **Jeran** àn se ki jan nou pran swen tout bagay ke Bondye ba nou. Bondye ban nou anpil. Li te ban nou lavi. Li te ban fanmi nou kòm papa ak manman, grann ak granpapa ak lòt moun ankò ki pran swen nou. Bondye te ban nou yon gwo mond pou nou viv ak zanmi pou pataje li.

Jesyon an soti nan mo **kanbiz** (administratè). Yon bon jeran se yon moun ki fè yon bon travay nan pran swen yon bagay. Si nou vle yon bon jeran pou Bondye, nou dwe pran swen tout bagay Bondye te ban nou yo. Sa gen ladann lajan nou, zanmi nou ak fanmi, don nou yo avèk talan yo, avèk mond nou an. Fondamantalman nou reponn ak gwo don ke Bondye te ban nou yo, se lè nou retounen yo ba li.

Anmezi w'ap aprann sou jerans, sonje ke tout sa nou genyen se yon kado ki soti nan Bondye.

Bondye kontan lè nou pran swen bagay sa yo epi retounen yo ba li kòm rezilta.

Gade senbòl sa a pou kapab jwenn mo ki pral ede w sou kijan yo aprann plis sou lapriyè. Pawòl espesyal sa yo rele Pawòl Lafwa.

Kisa Jesyon an ye?

Jerans lan se fason nou pran swen tout bagay ke Bondye te ban nou yo. Bondye te ban nou anpil bagay.

Èske w te konn sa?

1. Bondye te ban nou lavi. Chak jou nou viv se yon kado Bondye. **Di li mèsi!**

2. Bondye te ban nou talan ak kapasite. Nou chak gen kapasite pou nou fè yon bagay byen, tankou chante, desen, fè espò, reyisi byen nan lekòl la oswa moun santi yo pi byen lè w di yo bèl pawòl. **Panse ak yon bagay ou kapab fè byen.**

3. Bondye te ban nou fanmi ak zanmi pou renmen ak pran swen nou. **Di Bondye mèsi pou fanmi ou ak zanmi w yo!**

4. Bondye te ban nou yon bèl mond ak bèt yo, pye bwa, mòn yo ak dlo larivyè. **Panse ak yon bagay ke ou jwi nan kreyasyon Bondye a.**

5. Bondye te ban nou bagay siplemantè tou! Bagay sa yo tankou ti jwè rad ak jwèt. **Di Bondye mèsi pou tout bagay siplemantè ou gen yen.**

6. Bondye te ban nou kapasite pou nou travay epi touche lajan pou n achte bagay sa yo. Malgre ke timoun yo pa gen travay regilye, Bondy bay granmoun yo ladrès pou yo travay epi pran swen fanmi yo. Pafwa, paran yo bay timoun yo lajan kòm kado oswa paske yo fè kèk travay nan kay la. **Èske w te touche lajan kèk fwa pou yon bagay ou te fè?**

3

Vrè istwa sou Jerans

† **Li Matye 25: 14-28**

Ki sa ou panse Jezi raple nou lè li rakonte nou istwa sa a?

Paske pwemye de sèvitè yo te _____ nan ti bagay yo, mèt la konfye yo anpil lot bagay (gade vèsè 21 ak 23).

† **Li Mak 10:17-27**

Poukisa ou panse Jezi te di nou istwa sa a?

Jenn gason an te _____ lè l' te kite Jezi. Poukisa li te tris? (Gade vèsè 22).

† **Li Mak 12:41-44**

Ki sa ou panse Jezi vle ou fè lè ou bay Bondye ansanm ak lòt moun?

Jezi te di fanm lan te bay plis paske li te bay _____ sa li te genyen. (Gade vèsè 44).

4

Kisa nou kapab bay Bondye?

Dim ak Ofrann yo

Bay **dim** nan vle di ke ou bay 10 pousan nan lajan ou touche oswa resevwa. Dim nan itilize pou depans nan legliz la. Dim nan itlize pou peye pastè w la salè li, peye bòdwo pou elektrisite, dlo, elatriye, achte materyèl lekòl dominikal ak lòt bagay ankò. Nan Malachi 3:8 yo di kouman dim nan enpòtan pou Bondye. Èske ou ka li vèsè sa a?

Ofrann nan se lajan ke nou bay apa de dim nan. Nou bay ofrann siplemantè nan legliz timoun yo oswa lekòl dominikal. Gen kèk legliz ki kolekte ofrann lanmou. Sa a anjeneral se yon ofrann espesyal ki la pou ede yon misyonè, peye pou yon gwoup mizisyen oswa ede yon moun ki nan bezwen. Èske w te janm patisipe nan yon ofrann espesyal?

Talan ak kapasite

Bondye bay chak moun kapasite pou fè yon bagay byen. Gen kèk moun ki ka chante oswa jwe yon enstriman. Lòt moun yo bon nan espò oswa nan lekòl la. Gen kèk moun ki gen kapasite pou fè moun santi yo alèz oswa fè moun ri. Li 1 Korentyen 12:4-6. Ekriven an di ke nou tout nou gen don (oswa talan) epi nou dwe sèvi ak yo pou nou ede legliz la. Ki bagay w ap fè ki ede legliz la?

5

Kisa nou kapab bay Bondye?

Zanmi ak Fanmi

Bondye ba nou fanmi ak zanmi. Tankou bon jeran, nou dwe trete zanmi nou yo ak fanmi nou ak lanmou epi respè.

Pwovèb 17:17 fè nou sonje enpòtans fanmi ak zanmi. Lè nou fè sa nou bay Bondye pa sèlman atitid nou yo, pawòl ak aksyon yo.

Tan

Bondye vle pou nou bon jeran nan kouman nou ap sèvi ak tan nou. Tan se yon kado ki soti nan Bondye. Eklezyas 3:1 di gen tan pou tout bagay. Gen tan pou etidye epi fè devwa nou yo, gen tan pou jwe ak pran plezi. Bondye vle nou pran tan chak semèn pou n adore epi aprann plis de li. Sa a se rezon pou n ale legliz. Ki bagay w ap fè pou w aprann plis de Bondye chak semèn?

Mond nou an

Bondye ba nou yon bèl mond pou nou viv ladan l. Mond nou an gen anpil bèl kote pou n'al vizite kòm mòn, plaj, dezè ak vale yo. Bondye ba nou plant ak animal tankou chen ak chat ki se bèt kay nou yo. De premye chapit yo nan Bib la (Jenèz 1 ak 2) di nou ki jan Bondye te kreye mond lan. Li sa avèk yon moun nan semèn sa a. Di Bondye mèsi pou bèl mond li a. Pwomèt Bondye ke w pral ede li pran swen mond ou genyen nan antouraj ou a.

Yon Bon Jeran Bay!

Vin yon bon jeran vle di bay. Nou bay dim nou ak ofrann nou yo. Nou bay tan nou pou ede legliz la ak lòt moun. Nou menm tou nou bay talan nou ak kapasite nou yo.

Ranpli devinèt anba a ak mo sa yo ki dekri kijan nou dwe bay.

Konsèy: Chèche vèsè yo nan Bib Reina-Valera 60, lapriyè pou Bondye ede w vin kat bagay sa yo.

1. Vètikal: Women 12:8 "moun kap bay nan sa li gingnin an, sé pou-l fé sa _ _ _ _ _ _ _ _ _ _

2. Orizontal: Nan Matye 10:8, Jezi di nou dwe bay _ _ _ _ _ _

3. Orizontal: 2 Korentyen 9:7 di:"Bondié rinmin moun ki bay ak

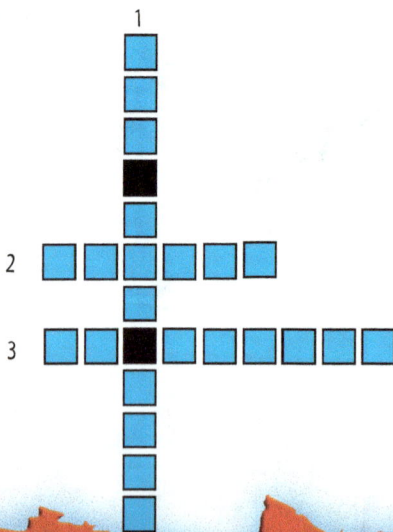

_ _ _ _ _ _ _ _."

Kouman mwen ka vinn yon bon Jeran?

Ki talan oswa konpetans ou genyen?

Ekri yo anba. Ki jan w ka sèvi ak talan sa a yo pou w ede Bondye, legliz la ak lòt moun?

_____

_____

Ou jwenn lajan pou fè travay? ou resevwa kèk èd? Sonje, dim nan se 10 pousan nan sa ou touche oswa resevwa.

Konbyen 10 pousan ki genyen nan 10? _____

Konbyen ki 10 pousan ki genyen nan 50? _____

Teste tèt ou. Reflechi sou kantite lajan ki pi gwo ou ka imajine. Kounye a, konbyen 10 pousan ki genyen nan kantite sa a? _____

Bondye vle nou pran swen mond li te kreye pou nou an. Ki jan w kapab pran swen mond lan ak resous li yo?

_____

_____

Tout anotasyon sa a yo soti nan Bib, Vèsyon Jerizalém.

Ebyen…Ou vle bay Bondye? Otè: Thomas G. Felder, pibliye pa Asosyasyon Kretyen de Literati Rejyonal (c) 2016 pa Konpayi Piblikasyon Travay annaksyon, yon divizyon Mezon de Piblikasyon Nazareyen, Kansas City, Mo 64109 USA. Edisyon sa pibliye pa aranjman Mezon Nazareyen de Piblikasyon. Tout dwa yo rezève.

Tradwi pa : Dezama Jeudi. Maquetacion: Monte Cyr.

Chèche sou entenet paj *http://ressources.mesoamericaregion.org* pou dechaje GRATIS gid pou lidè pou itilize avèk feyè sa avèk etidyan yo.

Èske w konnen sa yon moun renmen ?

Rankontre Mari

Mari se yon ti fi trè timid. Li renmen konstwi kèk ti bagay epi li bay lòt moun yo. Mari kontan anpil lè lot moun mande l èd li, men li pa santi li kapab fè bagay ki enpòtan. Li renmen Jezi men pafwa li santi li tris lè li tande ke lòt kwayan ap sèvi Bondye sou lafòm. Li vle fè anpil bèl bagay pou Jezi, men li pa konnen ki bagay li kapab fè.

Rankontre Jozye

Jozye renmen jwe jwèt videyo. Li se toujou premye moun ki gen yon jwèt videyo ki fèk soti pou vann sou mache a. Lè li vin gran, li vle vin yon gwo pwomotè jwèt videyo. Li renmen rakonte istwa ak kreye nouvo avanti pou fanatik li yo. Lè l 'ale legliz, li santi li anwiye paske li vle fè yon bagay pou Jezi men li pa ka jwenn yon bagay pou l fè. Li renmen adorasyon epi koute lidè yo k'ap rakonte istwa nan Bib la, men li ta renmen la pou ede nan reyalizasyon bagay sa a yo.

Reflechi sou sa. Ki kantite bagay toude jèn sa a yo vle fè?

Gade senbòl sa a pou kapab jwenn mo ki pral ede w sou kijan yo aprann plis sou lapriyè. Pawòl espesyal sa yo rele **Pawòl Lafwa.**

Dechaj nan Sèvis la!

Sèvi Jezi ak don espirityèl ou yo mande bagay sa a yo (tcheke ti bwat la pou chak fraz ki aplike pou ou):

o **Mwen kwè nan Jezi.**

o **Mwen konnen ke Jezi se Seyè ak Sovè mwen.**

o **Mwen konfese peche m epi Mwen te mande Bondye padon.**

o **Mwen vle sèvi Jezi.**

o **Mwen vle fè mond lan vin pi bon plas.**

3

Chèche pawòl Bondye a

Pou w pi byen konprann ki jan pou w sèvi Jezi, kite m montre w kèk egzanp nan Bib la. Konsa, louvri Bib u epi li.

† Li Travay 13:2

1. Pou kisa nou mete nou apa pou Seyè a? _____

† Li Ebre 6:10

1. Ki moun ki pap janm bliye travay ou fè? _____

2. Ki moun wap ede lè w'ap sèvi? _____

† Li Matye 5:16

1. Ki moun k'ap wè tout byenfè w yo? _____

2. Kilès ki resevwa lwanj lè ou sèvi Bondye ak lòt moun? _____

_____

4

Mande pou yon moun li Women 12: 1-8 pou ou.

Koute avèk atansyon.

Pasaj sa a eksplike ke kò fizik nou gen diferan pati epi yo pa ka fonksyone byen sof si yo travay ansanm.

Se konsa, sa eksplike konsepsyon Bondye pou **Legliz** la se tout pati sa a yo (plizyè kalite kwayan) travay ansanm pou fè tou sa Bondye vle yo fè.

Legliz la se fanmi pou moun ki kwè ki te resevwa Jezi kòm Sovè yo. Legliz la an grant lèt se tout kwayan, kèlkeswa kote yo ye.

Ou ta kapab di kounye :

Ki fason mwen ?

Don espirityèl, kè, kapasite, pésonalite ak eksperyans.

E Wa David te di sa pi byen nan Sòm 139: 14: "Mwen fè lwanj ou paske ou pa manke fè bèl bagay! Travay ou yo estrawòdinè, mwen konnen sa byen!"

Ki sa ou panse "bèl bagay" vle di?

Ou ka mande kèk granmoun ede w oswa itilize yon diksyonè.

Vire paj la a pou w kapab dechaje fòm nan.

5

SÊLMAN MWEN GEN FASON SA

Li, epi ranpli espas vid yo

Don espirityèl yo

Twout kwayan gen don espirityèl. Don sa yo aktive lè moun nan aksepte Jezi kòm Sovè lavi li. Se pa yon sèl moun ki resevwa tout don yo, men yo tout gwo menm jan! Ou pa ka ganyeyo. Sentespri a ban nou don sa a. **Li vèsè biblik yo epi ranpli espas vid yo.**

1. Okenn moun pa _____ jèn. (1 Timote 4:12). Ou kapab sèvi ak don espirityèl ou yo kounye a!

2. Pa_____ Don ki nan nou a (1 Timote 4:14). Ou ka travay epi devlope don espirityèl ou yo kounye a!

3. ... ki nesesè nan _____, ki ka jwenn chak moun _____. (1 Korentyen 4: 2). Ou bezwen sèvi ak don ou yo!

4. Se nan sa Papa m pran glwa, lè _____anpil _____ (Jan 15: 8). Ou bezwen sèvi ak don ou yo!

5. ... se pou nou_____. (Jan 15: 8). Moutre ke ou kwè nan Kris la lè w'ap sèvi ak don espirityèl ou yo!

Kounye a sak pase? Mande yon granmoun pou l ba ou yon lis don espirityèl. Ki sa ou panse osijè de ou? Kisa ou ka fè? Ki jan ou ka sèvi ak yo? Priye epi pale avèk Bondye.

Kè

Kisa ou renmen fè? Eske ou te konn tande yo di, "Mwen renmen fè sa"? Kè a se:

> ♥ **Ógàn nan ki ponpe san.**
>
> ♥ **Yon senbòl nan emosyon ou yo.**
>
> ♥ **Yon fòs ki motive ou fè nenpòt bagay.**

Reflechi sou sa! Bib la di nou "Epi tou sa w'ap fè, fè l' ak tout kè w, kòm si se te pou Seyè a epi se pa pou zòm" (Kolosyen 3:23).

Wa David te ekri sa a ... Sòm 37: 3 di, "fè kè w kontan nan Seyè a, epi l'ap _____ _____ demann ou yo".

Bib la sèvi ak mo "kè" pou reprezante sant motivasyon ou ak dezi. Sa vle di sa ou fè, pou kisa w fè li, e poukisa ou vle fè li!

Konpetans

✝ ## Li 1 Korentyen 12:5

"Gen diferan kalite _____, men _____ se menm bagay la.

Èske ou kapab?

Mete tout talan yo ou panse ou genyen. Lapriyè pou Bondye ede ou aprann sèvi talan w yo (bagay ou byen fè) pou w sèvi li.

Pentire   Itilize Teknoloji
                              Trase
Pale nan piblik   Konstwi   Kreye   Pataje
Antrene   Dekore   Gide
            Ekri   Pwograme   Anseye   Bay
Envesti   Fé manje   Repare/Ranje   Óganize

Pèsonalite

Eske w wè liy sa ki sanble ak yon koulèv la? Ki sa ou panse sa a ye? Ou panse ke tout moun gen menm repons lan oswa repons diferan? Poukisa?

Kòrèk! Menm jan tout repons yo ka diferan, pèsonalite nou yo tout diferan tou. Pèsonalite enplike atitid nou, konpòtman, atitid ak kijan nou wè lòt moun ak bagay yo. Sa fè nou moun nou ye a. Bondye te kreye nou ak yon pèsonalite inik.

Make kare ki dekri pèsonalite w pi byen.

◻ Jwi varyete
◻ Otokontwól
◻ Tímid   ◻ Renmen fé dyalóg
◻ Ekstravéti   ◻ Renmen kolabore
◻ Ou remnen monotoni   ◻ Konpetitif
                           ◻ Santimentalist
                           ◻ Pansé

✝ ## Li Efezyen 2:10

Èske w konprann li? Nou te kreye pou nou fè sa ki byen pou Bondye. Li te planifye l 'nan fason sa a! Se trè enteresan!

Se trê byen, kounye a vire paj la epi konplete dènye pati feyê a.

Eksperyans

Li Women 8:28

Sa a se yon gwo nouvèl! Bondye pa janm gaspiye tan nou. Tout sa ki pase nan lavi nou Bondye kapab itilize yo pou objektif li. Kisa ou panse sa kapab vle di pou ou? Make repons ou a.

Bondye kapab sèvi ak bon moman yo?	☐ **Wi**	☐ **Non**
Bondye kapab sèvi ak moman tris yo?	☐ **Wi**	☐ **Non**

Pafwa ou ka itilize sa ki te pase nan lavi ou pou w ede yon lòt moun. Sa vle di sèvi avèk eksperyans ki fè pati moun ou ye a.

Fè yon ti kanpe epi reflechi. Ki sa ki yon bon moman nan lavi ou? Kisa ki te pase ki te fè ou tris? Èske ou ka pale ak lòt moun sou sa a? Èske sa kapab ede moun ou di l la?

Lapriyè pou Bondye ede w pou eksperyans ou yo ede lòt moun.

Kounye a ou konnen FASON W mete ou pre a aranje w, paske ou ka sèvi Jezi. Mande pwofesè ou la, pastè oswa paran konsèy sou kouman w ka sèvi avèk fason ou pou sèvi Jezi!

Gade Don espirityèl ou yo. Mande èd pou w chwazi sa w kapab plis adapte w la.

Gade Kè ou. Reflechi sou sa ou renmen fè.

Gade Talan ou yo. Reflechi sou sa w pi alèz lè w'ap fè li.

Gade Pèsonalite ou. Ki sa ki fè ou kontan? Ki sa ki nwi w? Ki jan travay sa a fèt lè w'ap sèvi Bondye ak lòt moun?

Gade Eksperyans ou. Kisa ki te pase nan lavi ou ki se yon èd pwisan pou ede lòt moun?

Priye. Ekri yon bagay anba a ou kapab fè semèn sa a pou w sèvi Bondye, pa mwayen sèvis w'ap rann lòt moun ak don espirityèl ou yo.

_____

Tout anotasyon sa a yo soti nan Bib, Vèsyon Jerizalém. Tèminoloji ak konsèp sou "FASON" itilize avèk pèmisyon Rick Warren, legliz Saddleback.

Ebyen… ki don espirityèl ou genyen? Otè : Lynda T.Boardman, pibliye pa Asosyasyon Kretyen de Literati Rejyonal (c) 2013 pa Konpayi Piblikasyon Travay annaksyon, yon divizyon Mezon de Piblikasyon Nazareyen, Kansas City, Mo 64109 USA. Edisyon sa pibliye pa aranjman Mezon Nazareyen de Piblikasyon. Tout dwa yo rezève.

Tradwi pa : Dezama Jeudi. Maquetacion: Monte Cyr.

Chèche onnlay paj *http://ressources.mesoamericaregion.org* pou dechaje GRATIS gid pou lidè pou itilize avèk feyè sa avèk etidyan yo.

Ebyen ... Kisa yon
Antrené ye?

PAKÈT SERI SOU
ANSEYMAN DISIP
JÈN
KWAYAN

"... Ale epi fè disip nan tout nasyon yo"

(Matye 28:19).

Timoun mwen yo...

Nou kontan paske w vle dekouvri plis bagay sou kisa yon yon antrenè ye. Lè yon moun vin antrenè se youn nan fason ki pi enpòtan nou ka sèvi Jezi.

Dènye Komisyon Jezi te bay disip li yo se te, "... ale, epi fè disip an tout nasyon yo ... batize yo ... ak anseye yo pou yo obeyi tou sa mwen te komande nou". (Matye 28: 19-20) .

v sa a pral ede w konprann ki sa yon antrenè ye epi kisa ou a fè pouw kapab vin yon antrenè. Paran ak pastè w ap ede w si w gen kesyon.

Gade senbòl sa a pou kapab jwenn mo ki pral ede w sou kijan yo aprann plis sou lapriyè. Pawòl espesyal sa yo rele **Pawòl Lafwa.**

Ki sa yon disip ye?

Ki pawòl ou ka itilize pou w dekri yon disip Jezi?

_____   _____

_____   _____

DISIP:

DYon moun k'ap swiv ansèyman ak egzanp lòt moun. Moun sa a yo ki aksepte epi swiv Jezi, nan Bib la ak Jodi a, yo se disip li.

Li Jan 12:26.

Yon disip se yon moun k'ap swiv ansèyman ak egzanp yon lòt moun. Jezi rele ou pou w vin swiv ansèyman l yo. Disip Jezi yo renmen li, aprann nan men l', obeyi li. Yo viv lavi yo fason Jezi te viv lavi li.

Li Matye 4:19.

Ki fraz senp Jezi te itilize pou l te rele premye disip li yo? Kisa sa vle di?

_____

_____

_____

Ki sa ou panse swiv Jezi vle di?

_____

Li Jan 15:14.

Ki pawòl Jezi te itilize olye de "disip"?

_____

Ki sa li di yon disip pral fè?

_____

Fè yon lis moun ou konnen ki nan fòm deskripsyon yon disip. _____

_____

Èske ou ta konsidere tèt ou kòm yon disip? _____

_____

3

Ki moun ki te anseye w?

Anpil moun te ede w grandi nan relasyon w avèk Jezikris. Yo vle ede w pou w te vin yon pi bon disip. Site kèk nan moun sa a yo.

Pòl se yon antrentè k'ap fè disip.

Apot Pòl te ekri 13 liv nan Nouvo Testaman an. Li plante legliz anpil e li te anseye anpil moun. Eske nou konnen li? Anvan Pòl te yon antrenè, li te gen plizyè moun ki te ede li vin yon disip!

Li Travay 9:10-12; 17-19.

Ki moun ki te premye moun ki te anseye Pòl?

_____

Ki sa Ananyas te fè pou li te vin antrenè Pòl?

_____

Li Travay 9:26-28.

Ki moun ki te dezyèm moun ki te yon antrenè pou Pòl?

_____

Ki sa Banabas te fè pou l te vin yon antrenè pou Pòl?

_____

✝ **Kretyen yo** bezwen moun ki pou lapriyè pou yo, koute yo, anseye yo, korije yo, renmen yo, epi yo dwe brav ase pou di yo sa si yo aji mal. Lè ou vin yon kretyen, ou te chwazi wout pou w swiv Jezi. Chemen sa a mennen ou nan direksyon ansèyman disip. Ansèyman disip la se yon vwayaj k'ap dire tout lavi.

KRETYEN
Se yon moun ki resevwa Kris kòm Sovè e pi bon zanmi li.

4

Benefis ak Obstak

Vin yon antrenè se yon eksperyans difisil e ki gen rekonpans.

Gen benefis (bon bagay) pou disip la ak antrenè a. Genyen obstak tou (bagay difisil) pou disip la ak antrenè a. Ann fè yon ti kout je sou benefis ak obstak yo.

Benefis

Li vèsè biblik sa yo pou w jwenn kèk benefis.

Jan 13:35

_____

_____

Women 15:14

_____

_____

1 Tesalonisyen 5:11

_____

_____

Jak 5:16

_____

_____

Obstak

Ki kèk obstak yon moun ki vle vin yon antrenè kapab rankontre?

Galat 6:9

_____

_____

Move desizyon w yo kapab yo obstak ki anpeche w vin yon antrenè.

_____

_____

Ebre 10:25

_____

_____

Si ou pa grandi kòm yon disip, ou pa ka vin yon antrenè pou lòt moun.

_____

_____

Ki sa ki lòt obstak?

_____

_____

5

Kouman mwen kapab vin yon Antrenè?

Gen plizyè fason ke ou kapab yon antrenè. Men kèk ide. Eske w te konnen ke?

Eske w te konnen ke?

Youn nan pi bon fason pou fè sa se lè w rakonte lòt yo kijan w te vin konvèti an disip. Itilize espas anba a pou w ekri kouman w te fè vin konvèti an disip Jezi.

_____

_____

Yon lòt fason pou w vin yon antrenè se di lòt moun sa Bondye ap fè nan lavi ou kounye a. Nan espas ki anba a, ekri yon fason ke Bondye tou dènyèman te ede ou.

_____

_____

Lè w fè pati yon ti gwoup sa ap ede w grandi kòm yon disip epi yon antrenè ansanm ak lòt moun. Klas Lekòl Dominikal ou a se yon gwo egzanp de yon ti gwoup. Nan lekol Dominikal la wap etidye Bib la ak lòt moun, priye ansanm, ak grandi pi pre Bondye. Ki lot bagay ou fè nan klas Lekòl Dominikal ou a pou moutre lòt moun ke ou se yon antrenè?

6

Filip, Antrenè a

Li Travay 8: 5-6, 12.

Ki premye kote Felipe te ale pou l te vin disip?

_____

Ki sa moun yo te fè lè yo te tande Filip?

_____

Li Travay 8: 14-17.

Ki moun ki te ede Filip fè disip nan lavil Samari?

_____

Li Travay 8: 26-39.

Felip te yon antrenè paske li te obeyi Bondye. Pa mwayen de ki moun Bondye te di Filip li dwe vin yon antrenè?

_____

Ki jan Filip te yon antrenè pou Letyopyen an?

_____

Ki jan Letyopyen an te santi li lè l te vin yon disip nan Jezi?

_____

Kimoun mwen kapab Anseye?

isip Jezi yo dwe vin monitè. Jezi te bay disip li yo Gran Komisyon n. Jezi te di, "... ale epi fè disip nan tout nasyon yo..." (Matye 28:19). ran Komisyon an se pou nou jodi a. Disip Jezi yo dwe se antrenè.

kri non 3 moun pou ta kapab anseye: _____

_____   _____

Epi Kounye a sak pase?

1. Priye pou moun ki sou lis ou a. Mande Bondye pou li ede w jwenn fason pou anseye yo.

2. Pataje temwayaj ou avèk yo. Ekri yon istwa sou kouman ou te vin tounen yon disip. Mete yon ti tan apa pou w pataje istwa sa ak moun sa a yo ki nan lis ou a.

3. Etidye epi lapriyè avèk yo. Mete yon moman apa lè ou kapab rankontre avèk yo pou nou grandi pi pre Bondye ansanm. Ou ka vle mande yon granmoun ede w fòme yon ti gwoup pou w li Bib la ak lapriyè ansanm.

4. Kenbe fèm pou w grandi kòm yon disip. Sa a enpòtan pou ede w rete pi pre Bondye pandan ke ou se yon antrenè. Bay kèk fason ou ka grandi pi pre Bondye?

Tout anotasyon sa a yo soti nan Bib, Vèsyon Jerizalém.

Ebyen...Kisa yon Antrené ye? Otè : Lynda T.Boardman, pibliye pa Asosyasyon Kretyen de Literati Rejyonal (c) 2016 pa Konpayi Piblikasyon Travay annaksyon, yon divizyon Mezon de Piblikasyon Nazareyen, Kansas City, Mo 64109 USA. Edisyon sa pibliye pa aranjman Mezon Nazareyen de Piblikasyon. Tout dwa yo rezève.

Tradwi pa : Dezama Jeudi. Maquetacion: Monte Cyr.

Chèche sou enténet paj *http://ressources.mesoamericaregion.org* pou dechaje GRATIS gid pou lidè pou itilize avèk feyè sa avèk etidyan yo.

L'ECOLE DU DIMANCE ET LA FORMATION DE DISIPLE

www.ingramcontent.com/pod-product-compliance
Lightning Source LLC
Chambersburg PA
CBHW071737020426
42331CB00008B/2067